날개 없는 천사

김가현 시집

月刊文學 출판부

| **책을 내면서** |

　우연한 기회에 요양보호사자격증을 취득한 것은 나에게 날개를 단 셈이었고, 방문해서 이용자를 돌보는 일을 2년 5개월 하는 동안 나는 그 어느 때보다 행복했었다.

　몸이 불편한 이용자를 찾아다니면서 사랑을 전하기도 하지만, 오히려 많은 사랑을 받기도 하는 일이 방문돌보미의 일이기도 하다.

　미처 손길이 닿지 못한 이용자의 거처를 청결하게 하면 내 마음이 먼저 개운해졌고, 내가 만든 음식을 맛있게 드시는 이용자를 볼 때마다 보람을 느꼈다.

　가끔 감당하기 힘든 이용자도 만나지만 잘 극복하면 더 좋은 관계로 발전했었다.

　이렇듯 뜻깊고 의미있는 일을 할 수 있도록 부족한 사람을 요양보호사로 일할 수 있도록 해 주신 '충주지역자활센터' 고희숙 관장님, (주)사람인 충주돌봄 백수진 대표님께 깊은 감사를 드리고, 책이 출간되도록 도와 주신 월간문학 출판부 모든 분들께 진심으로 감사를 드린다.

2014년 가을
김 가 현

| **추천의 글 · 첫 번째** |

학창 시절 시(詩)를 쓰고 싶을 때가 있었다.

'삶이 그대를 속일지라도 슬퍼하거나 노여워하지 말라, 슬픈 날엔 참고 견디라 즐거운 날이 오고야 말리니.'

푸쉬킨(Aleksandr Sergeevich Pushkin)의 시를 의미도 모르며 웅얼대고, 시집을 옆구리에 끼고 다니던 시절이 있었다.

그리고 오랫동안 시를 잊고 살았다. 1970년대 먹고 살기도 어려운 시절이었고, 삶이 힘들었고 바쁘다는 이유로 그런 낭만은 나와 상관이 없는 것처럼 느껴졌고, 시는 내게서 잊혀졌다.

그 후에 시를 쓰시는 지인들이 시집을 내고, 내게 '혜존'이란 문구에 자필 서명을 한 시집을 선물해 주었지만, 그날 한두 페이지를 읽은 것이 전부이고 곧 서재로 옮겨졌다.

그런데 얼마 전 우리 교인인 김원금 집사(필명: 김가현)가 시집을 내려는데, 저에게 추천의 글을 써 달라고 해서, 추천하려면 먼저 읽어 보아야 하니 원고를 보내 보라고 했다. 그리고 어제 메일로 원고를 보냈으니 읽어 보시고, 추천의 글을 써 달라는 문자를 받았다.

오랜만에 실로 오랜만에 서재에 앉아 시를 읽기 시작했다. 2년에 걸쳐 방문도우미로 일하면서 가난하고 소외된 이웃, 질병으로 고통받는 어르신들을 돌보면서 쓴 70편의 시를 차근차근 읽었다.

   이 시에서 가난의 아픔을 읽었고, 환자들의 좌절을 읽었고, 그들의 고독을 읽었다. 그리고 그들을 돌보며 쓴 시인의 고뇌를 읽었고, 그들을 향한 시인의 진솔한 사랑을 읽었고, 힘들고 어려운 이들과 사랑을 함께 나누는 시인의 기쁨과 행복을 읽었다.

   오전에 서재에서 읽기 시작하여, 점심도 거르며 시인의 시를 읽으며 나도 행복했다. 내가 시인이 된 것 같았고, 시인의 시를 통해 내가 가난하고 병들고 소외된 이웃 그들과 대화하며, 아픔을 함께 나눌 수 있었고, 무엇보다 잊고 있었던 시의 세계를 회복했다.

   삶의 현장에서 쓴 이처럼 쉽고 진솔하고 소박한 시, 이 시집을 통해, 우리 모두는 시인이 될 수 있음을 확신하며 기쁨으로 추천한다.

사단법인 사랑나눔 이사장
이 은 대 목사

| **추천의 글** · 두 번째 |

충주지역자활센터에서 요양보호사 자격을 취득하고 유급봉사자의 길을 걷고 계신 김원금(필명: 김가현) 선생님의 글을 읽으면서, 진정 우리의 삶 속에서 애환을 산 체험으로 느끼고 봉사했던 일을 이렇게 시로 표현하니, 그 글을 읽는 사람의 마음을 깊이 심금 있게 울려 주는구나 하는 것을 알게 되네요.

저는 시낭송에 관심을 갖고 있어 가끔 시낭송 모임에 가곤 합니다. 그 동안은 시는 우리의 일상을 아름답게, 심도있게 표현하는 줄로 생각했는데, 우리의 일상에서 체험한 것을 느낀 그대로 감정을 시로 쓰니 더욱 공감대가 형성되는군요.

이렇게 소외되고 어려운 환경 속에 있는 사람들을 돌보며 함께 하며 그들의 고통을 나누며 그것을 시로 표현한 우리의 희망천사 역할을 하는 김원금 선생님에게 진심어린 갈채를 보냅니다. 또 이 가을을 맞이하여 우리의 가슴을 온정으로 적셔 줄 이 시집을 독자에게 추천합니다. 많은 사람들이 이 시집을 읽고 이 시집을 통해 우리 주변에 어렵고 힘든 소외계층이 많이 계시지만, 또한 그들에게 희망과 봉사를 전달하는 분들도 계셔서 우리의 사회가 따뜻한 사회로, 희망의 대한민국으로 나아가길 소망해 봅니다.

충주지역자활센터
고 희 숙 센터장

차례

책을 내면서 003
추천의 글 · 첫 번째 004
추천의 글 · 두 번째 007

그 여인 014
굵어진 그리움 015
첫인사 016
갈구하는 사랑 018
두 개가 모자라 020
꿩 대신 닭 021
배려 022
오해 023
서비스 시간 024
트라우마 026
힐링 028
안팎으로 030
임금님 귀는 당나귀 귀 031
기선 제압 032
민원 발생 034
일당 줄게요 036

4차원 세계 · 1   038
4차원 세계 · 2   040
부재중   041
주인 닮은 사과   042
돌싱   043
정말 운 좋았어   044
유언   045
사랑으로 빚은 작품   046
날개 없는 천사   047
아이디어   048
가장 큰 사랑   049
동병상련   050
어느 수혜자의 회개   051
1006호 처음 가는 날   052
자퇴서   053
눈물 젖은 빵   054
지금 문간방에는   056
금지사항   058
저승길 양식   060
바자회   062
남의 일이라고 · 1   063

남의 일이라고·2　064

고구마　066

분리수거　068

사선으로　070

흑마늘　072

투 넘버　073

9층의 물난리　074

번지수가 달라요　076

피난　077

바퀴벌레　078

점프　079

위장(僞裝)　080

독촉장　081

쇠비름　082

팔자　083

삼대 거짓말　084

10월의 꽃　085

흡연　086

역습　087

꿀벌들의 운동회　088

성희롱　089

색다른 보금자리　090
달동네 삼부자　092
처음 있는 일이다　093
지적장애　094
눈이 내리면　096
애견　097
신규 이용자　098
흔들리는 여자　100
꿈의 오류　102
이별 전야곡　103
순리에 따라　104
이용자의 눈물　106

날개 없는 천사

그 여인

159번 버스에 오르면
매일 만나는 여인
어디에서 탔는지
점차 낯이 익어 간다

긴 머리를 위로 올려
예쁜 핀을 꼽은
머릿결이 고운 여인

오늘도 그 여인은
나보다 먼저 버스를 타서
얌전히 앉아 있는데

한 번 말을 걸어 볼까
망설이는 사이
버스는
동락초등학교 앞에 섰다.

굵어진 그리움

분기별 교대로
헤어짐을 아쉬워하시는
가금면의 권사님

많이 그리울 거라고
집사님 영영 못 잊을 거라고
눈물 글썽이던
가금면의 권사님

텃밭에 심어 놓은
총각무기 굵어졌으니
뽑으러 오라고 하신다

우리 집에도
심어 놓은 총각무가 있어
후임자에게 주라고 하니
심은 사람이 뽑아 가야 한다며
보내시는 투정에
그리움이 배어 나온다.

첫인사

분명히
미리 연락 드렸건만
입력이 안 되셨는지
아침부터 전화를 하시고
보채는 어르신
어딜 가셨는지 안 계시다

한참을 기다리니
병원에 다녀오신다며
지친 얼굴로
여기저기 아프다는 말로
첫인사를 건네고

앞 번에 도우미가
어떻고, 어떻고 퉁퉁거리신다
나이가 들면
어린아이가 된다는 말
어르신의 투정이
그리 불편하질 않다

외로운 독거 어르신
내가 보듬어야 할 대상이다.

갈구하는 사랑

초행길 주택을 찾아가기는
너무 어렵다
물어물어 찾아간
사십대 중반 이용자의 집

꺾어진 인생
고난의 길을 걷고 있는
이용자의 몸 안에서
한숨처럼 새어 나온 담배연기는
방 안을 사수하고 있다

애처로운 마음으로
이용자의 손을 잡아 보니
축축하고 끈적거린다

문갑 위에 놓인 화초도
축 늘어져 갈증을 호소해서
물 한 모금 마시게 하고
잎에 쌓인 먼지를 닦아 주니

화초가 기지개 펴고
활짝 웃는다

사람이나
식물이나
다 사랑이 그리운 것
사랑 없이 살 수 없는 것.

두 개가 모자라

투석을 하러 가서서
늘 비어 있는 집
방 안을 들여다보니
마늘 한 단이 놓여 있다

가위를 들고
마늘대가리를 잘라 세어 보니
마흔여덟 개밖에 안 된다

오십 개여야 맞는데
작업할 때 잘못 세었나
운반하다 흘린 건가

아무리 세어 보아도
두 개가 부족하다.

꿩 대신 닭

머리 밑에 하나
양 옆에 하나씩
세 개의 베개
무엇을 의미할까

소녀 시절
유방이라는 언어로
붉어졌던 기억

이젠
무용지물일 것 같은 젖부넘
암으로 사라졌단다

볼록한 가슴 하나
없어진 거려니 하지만
그게 아니라네

양 팔을 의지할 수 없어
베개를 지팡이 삼았다네.

배려

중풍으로
언어가 어눌한 이용자
베란다에서 하늘을 쳐다보더니
비가 내릴 것 같으니
얼른 집에 가라고 한다

일은 마친 후였지만
말동무하고 앉아 있다가
가라고 떠미는 바람에
집으로 돌아왔다

집에 도착하자마자
사방이 어두워지고
천둥이 치며 장대비가 내렸다

조금 늦었다면
저 비를 흠뻑 맞았겠지
고마운 이용자 마음이
내 가슴 찡하게 울렸다.

오해

두 번째 방문
설익은 낮
"또 왔어?"
어르신 누우신 채로
인사를 하신다
"네." 했더니
"나가 나가!"
소리를 치셔서
"요양보호사입니다."
태연하게 다가서는
나를 보시더니
"에구 내가 미쳤나 봐."
요즘 개방된 문이라
전도하는 사람들이
성가시게 군다고
어르신 무안해하신다.

서비스 시간

현관 입구에서부터
정갈함이 느껴지는 집
뿐만 아니라
호화스런 살림살이 때문에
내 눈은 휘둥그레졌는데
암환자이신 어르신 어딜 가시고
바깥 어르신만 계신다

바깥어르신은 정년퇴직 후
자제분들 사업실패로
생활이 어려워지셨다면서
오후 1시 반에 방문한 나를 보고
다음부터는
오전 11시에 오라고 그러신다

나는 정해진 시간대로 움직여야 해서
안된다고 했더니
어르신은 괜찮다면서
사무실에 전화해 줄 테니

그렇게 하라고 강요를 하신다

나도 원칙을 무시할 수가 없고
다른 이용자에게 피해를 주는 일이라고
단호히 거절했다

그러자 좀 수그러드신 어르신
공직에 계셨다더니
현실직시를 못하시는 것 같다.

트라우마

매주 금요일이면
주간회의를 하는데
가끔은 목요일에도 한다

지난 주 목요일
주간회의를 하게 되어
3시 반 타임 어르신 댁에
충분한 서비스를 하지 못했다

정해진 시간은 흘러가고
어르신 출타하여 늦게 오시는 바람에
짧은 시간 서비스를 하게 되었다

그런데 이번 주 목요일날
주간회의를 한다고 해서
목요일 3시 반 타임 어르신께
말씀을 드렸더니
먼저도 대충 일을 하고 가서
불편을 겪었다면서 역정을 내신다

나는 조금이라도
일을 더 해 드리려고
숨도 참아 가며 일을 한 것 같은데
그 마음을 보아 주시지 않고
불평하시는 어르신 모습이
가시처럼 박혔다

더군다나 내 사정도 아니고
어르신 사정과 사무실 일정이어서
더 억울한 생각이 들었다.

힐링

하나님 어제의 일로
제 마음이 너무 아픕니다
치유될 수 있도록 해 주세요

자리에서 일어나자 기도를 했다
매일 하는 기도지만
오늘은 나의
영적 치유의 기도를 드리고
가볍게 돌봄 길에 나섰다

204동 어르신
전번 금요일 외출을 하신다고
방문하지 말라고 하셨는데
아무 데도 안 가셨다고 한다

그런데 무슨 일로 그러셨냐고 여쭈니
나를 쉬게 하려고 그랬다고 한다

순간 코끝이 찡하다

어제 있었던 일과 정반대다
너무 고맙고 감사한 마음
어르신이 다시 보인다

나는 얼른 어르신 손을 잡고
어르신 고맙습니다, 감사합니다
하지만 이번 한 번뿐입니다

환하게 웃으시는 어르신
어제 서운했던 마음이
봄눈 녹듯 시르르 녹고
더 보살펴 드리고 싶은 마음이
샘물처럼 솟아오른다.

안팎으로

돌봄을 마치고 돌아오면
가끔 파김치가 되어
집안일은 소홀하게 된다

어느 때는
남편의 불만을 사기도 하여
가족도 제대로 돌보지 못하는 내가
불편하신 어르신들을
어찌 잘 섬긴다고 할 수 있나
회의감에 빠지기도 한다

부부가 함께 일을 하면
집안일도
나눈다면 얼마나 좋을까

안팎으로 완벽하길 바라는
가부장적인 사람에게는
나는 그저 슈퍼맨일 뿐이다.

임금님 귀는 당나귀 귀

입맛이 없어
점심을 못 드신 어르신
자장면 한 그릇 드시게 하려고
중화요리 집에 갔다

자장면 주문을 하고
대기하는 동안
내 시선은 가게 안에서
자장면을 맛있게 드시는
손님에게로 머문다

축 늘어진 귀
그 어린 시절 동화의 나라
임금님 귀는 당나귀 귀.

기선 제압

모 기관 생활도우미로 취업이 되어
인수인계차 방문했던 어르신 댁

그 어르신 어쩐 연유인지
처음 본 나를 두고 하시는 말씀
"이번에는 일도 못하는 것이 왔다"
동네에 발 빠른 소문을 내셨다

하나님께서 내가 교만해질까 봐
채찍하는 것이라고 마음 다스리지만
너무한 생각이 든다
아니, 그 어르신 댁에
여러 날 일을 한 것도 아니고
겨우 인수인계 받은 것뿐인데
그런 말씀하시다니 듣기 거북했다

전임자 없이 홀로 방문하던 날
단단히 마음먹고 들어갔다
먼저 어르신께 인사를 드리고
욕실청소부터 시작했다

몸도 불편하신 어르신
어떤 생각이신지 문을 바잡고 서신다
나는 더욱 긴장을 하고
"어르신 여기는 이렇게요
여기도 이렇게 하면은 집 안이 환해집니다."

막힘없이 일을 하니
걱정하는 말씀은 없으셨지만
험담부터 하셨던 어르신께 서운했다

하지만 내색하지 않고
도움이 필요하다면 다 해 드릴 테니
말씀하시라고 하니
어르신께서는 외로움 보따리를
바로 풀어 놓으셨다

가여운 어르신
내가 돌보는 그날까지 더 신경써 드리고
정식으로 인정을 받도록 노력해야겠다.

민원 발생

방문 첫날부터
일거리 쌓아 놓고 기다리던 이용자
장애가 있어
성심성의껏 돌보아 주었건만
불편신고를 했다고 한다

8월 찜통더위는 이어지고
남향 볕을 받는 8층 아파트는
열대지방을 연상하게 하는데
이용자는
8층 베란다 바깥쪽 유리를 닦아 달란다

오후 2시
폭염은 유리창을 공격하고 있었지만
이용자를 예우하는 의미에서
손닿는 데까지 유리창을 닦고
더 이상은 위험하다고 하였는데
불편 신고를 하였다

민원사태 파악하시는 팀장님
내가 서비스하는 시간에 이용자에게
전화로 사실 연유를 물으셨는데
이용자 본인은 절대 신고한 일 없다고
그저 서비스해 주는 것만으로 감사하다고
한 입으로 두말 하는 것을
곁에서 듣고 있자니 어이가 없다

민원접수가 안 되었으면
그 일이 진행이 될 수가 없다
다시 팀장님께서 사실을 밝히고
재차 캐물으니 그때야 수긍을 한다
어찌 그럴 수 있을까

무료 서비스 받으면서 감사하는 마음보다
받는 데 익숙해진 이용자에게 한 마디 했다
실수를 인정할 줄 아는 사람이
진짜 멋쟁이라고.

일당 줄게요

"된장 뜨는 사람 있으면
소개 좀 해 주세요
할멈이 장을 담아 놓고 가더니
돌아오질 않네요."

섣달인데 정월에 담은 간장
걱정을 하시는 어르신
방 안을 둘러보니
고추장 메주도 한 구석에서
뽀얀 이불 덮고 있다

살림을 하던 사람이
갑자기 부름을 받았으니
남의 손을 빌려서라도
해결하고 싶지만
주의에는 민가도 없고
도와 줄 일손이 없다

안타까운 마음에
하얀 눈 쌓인 장독대로 나가
뚜껑을 열어 보니
메주 서너 덩이가 까꿍 하는데
간장은 주인을 따라갔는지
한 방울도 보이지 않는다.

4차원 세계 · 1

버스 연착으로 늦어지자
부녀는 대문을 주시하고 있다가
들어서는 우리를 반긴다

어르신은 병원 진료를 가시고
여인은 지난 번처럼 신나게 연설을 한다
한국말이긴 하지만 알 수 없는 언어
머리가 빙그르 돈다

요양을 만들었다는 말은 조금 이해가 되어도
청와대가 자기 집이라는 것은
얼토당토하질 않다

예쁘고 똑똑해 보이는 여인
오늘은 아버님이 매워서 안 드신다며
김치를 한 통씩
꼼꼼히 챙겨서 싸 주셨는데
극구사양을 해도
한사코 권해서 가지고 왔다

그리고 여인은 강추위 아랑곳없이
난달에서 스레트 걸어 놓고 불을 때면서
새마을 운동이라고 어려운 말을 하지만
믿을 만한 것은 넉넉한 인심
나눔의 정이었다.

4차원 세계 · 2

댓돌이 허전하다
반갑게 맞아 주던
그녀 신발이 보이지 않는다
집 안 공기 역시 썰렁하다

늦은 아침을 드시는
어르신 밥상이 허술하다
든 자리는 몰라도
난 자리는 표가 난다는 말이 상기되고
그녀의 음성 환청으로 들릴 때
따르릉 폰이 울린다

멀리 부산으로 내려갔다면서
아버님을 잘 부탁한다고
조만간 다시 온다는 말과 함께
멀어져 간 그녀의
쩌렁쩌렁한 목소리는
봄비처럼 생동감을 주었다.

부재중

똑똑
노크 소리가 이어져도
안에서는
기척이 없다

한 단계 높이
쾅쾅
두드려 보아도
기척이 없어
전화기를 울려 보지만
묵묵부답

어딜 가셨나?
이 추운 날.

주인 닮은 사과

집에 가지고 가서 먹으라고
어르신께서 싸 주신
사과 한 봉지
인정이 듬뿍 담겨
봉지가 빵빵하다

집에 돌아와 꺼내 보니
쪼글쪼글
어르신 얼굴 닮았다.

돌싱

이유 알 수 없지만
본척만척
인사성 없는 것이
곁을 주지 않으려는 심산

고독의 열매 주렁주렁
중년의 절정
침묵의 빗장을 열면
빈 가슴 찬바람 스며들라
떨구는 시선

복실복실한
곰인형으로 체온을 느끼는
이 시대 자화상.

정말 운 좋았어

오전 방문 마치고 나오는 길
건너편 아파트에서
동료 영이가 볼멘소리로
전화기에 대고 넋두리한다

영이는 우리 부서의 막내
힘든 일도 잘 소화해서
선배님들의 사랑을 받고 있다

그런 영이가
일을 마치고 나오다가
아파트 베란다에서 내버린 낙하물에
큰 사고를 당할 뻔했다고 한다

영구임대 아파트라서
인지도가 떨어지는 분들이 계신다지만
고층에서 스탠드 옷걸이를
창 밖으로 내던지다니

세상에 이런 일이.

유언

"내가 가더라도
울 아저씨 밥도 해 주고
빨래도 해 주고 그래 잉."
가벼이 흘려 버릴 수 없는 몇 마디
한 달 남짓하건만
이용자는 바람 따라
저 하늘의 별이 되었다

췌장암으로 투병 중
내가 무친 오이 반찬을 드시고
참말 맛있게 믹있다고
힘없는 목소리로 칭찬을 하시더니

내 가슴에
영영 허물어지지 않는
집 한 채 지어 놓은 채로.

사랑으로 빚은 작품

현관을 들어서자
눈에 띄는 낯선 박스
묵직한 것이
김장김치라고 한다

김치통에 담으려고
포장을 뜯자
코끝을 자극하는
양념 냄새
구미가 당긴다

김치 한 가닥 잘게 찢어
먼저 어르신께 드리고 맛을 보니
감칠맛이 돈다

해마다 김장을 해서
보내기만 했던 나
내가 보낸 김장김치 받고
나의 지인도
이런 느낌이었을까.

날개 없는 천사

방문을 하면 언제나
뽕짝음악을 즐기시는
2단지 어르신

늘 고맙다는
인사를 아끼지 않으시며
정이 그립다는 어르신
우리를 천사님이라 부르신다

남들이 기피하는 일
마다하지 않고
어르신들의 위안이 되어 주는
눈처럼 하얀 마음을 가진
날개 없는 천사라고.

아이디어

눈에 넣어도 아프지 않을
귀여운 손자가
병환중인 할머니 위해

거실 정수기엔 아침
정수기 위의 달력엔 점심
TV 위의 달력엔 저녁

줄줄이 달아 놓은 약봉지
손자의 사랑도
대롱대롱.

가장 큰 사랑

돌봄을 시작한 그날부터
나는 어르신들의
어머니가 되었습니다

다른 사람들은
부모님 같다고 하지만
나는 아이를
돌보는 마음이랍니다

길러 주신 부모님께
치사랑을 못하는 것처럼
내 사랑은 내리사랑

내 안에 잠재된
가장 큰 사랑으로
어르신을 모시는 것입니다.

동병상련

누가 살고 있을까
가을이면
담장을 넘어선 가지에
빨간 감이 주렁주렁하던 집

집 안에 들어서니
대문과 나란히 선 감나무
아직 살이 붙지 않은 땡감이
드문드문 달려 있는데
작년 혹한기 영양인지
아직까지도 웅크리고
잎이 나오지 않은 가지도
눈에 띈다

아, 그러고 보니
편마비를 앓고 계시는
어르신과 감나무가 닮았네.

어느 수혜자의 회개

대롱대롱
부재중 현관 문고리에 걸린
얄팍한 자존심

몇 년째
반찬서비스를 받으면서도
감사하는 마음 묻어두고
이웃 안목에 찌푸리는 눈살

왕년에 잘나가던
교만이 꿈틀거리며
속사정 들킬세라 노심초사
원정의 손길
외면할 수 없는 현실
상한 영혼 뒤늦은 회개.

1006호 처음 가는 날

발 디딜 틈 없는데
들어오라 반기며
엉덩이 붙일 자리 없이
누추한데 앉으라 한다

구순 독거노인의
병든 몸과
유일한 벗 먼지 진드기

한숨처럼 내쉬는 담배연기로
누렇게 퇴색된 벽지며
겹겹이 덧칠한 가스레인지
지문으로 얼룩진 냉장고

첫 대면에 민망스러워
시선을 피한다.

자퇴서

마루에 들어서자 보이는 서류
'장학금 반환사유 접수 불가'
첫눈에 콕 박힌 글

올해 대학교 1학년
깜찍하고 예쁜 공주
학교를 그만둔다네

중풍을 앓고 있는 아버지
짐을 덜어 줄 생각인지
적성이 안 맞다는 이유로
자퇴를 한다고 그러네

엄마도 없이
매일 방에서만 지내는 아버지
불쌍하게 여기면서도
다른 아이들과 비교도 했겠지

얄궂은 운명
아빠도 딸도 애처로워
일손이 잡히지 않는다.

눈물 젖은 빵

"고마워, 고마워
도와 줘서 정말 고마워."
두 손을 꼭 잡아 주시면서
연실 고맙다는 인사를 하시는
올해 구순이신 어르신

몸은 불편하시지만 뚜렷한 총기로
일하느라 고생한다면서
"요구르트 먹어, 빵 가져다 먹어."
늘 챙기신다

"알았어요 어르신."
대답만 하고 그냥 넘기면
보는 데서 먹으라며
먹는 것을 확인하시는 어르신

주는 사랑의
기쁨을 안겨 드리기 위해
권하는 빵을 먹지만

목이 메어 넘어가질 않는다

내 어머니
사랑을 받는 것만 같아서.

지금 문간방에는

전임자가 알려 준 대로 찾아가니
대문 옆에
하얀 깃발 빨간 깃발 펄럭이는 구옥

부엌도 없이 방만 있는 문간채
마치 70년대를 연상하게 하는데
그곳에는 의족을 가진
중년의 남자가 살고 있다

인사를 나누다 보니 같은 연배
쉽게 소통이 된다
잘생긴 인물 넉넉한 마음
그런데
왜 그런데 박복한지 모르겠다

결혼도 했다는데 지금은 홀로 있다
방 안쪽에는 싱크대가 설치되어 있는데
휠체어에서 사용하도록 높이를 낮추어
일하는데 허리가 아프고

의당 있어야 할 청소 도구도
보이지 않는다

안타까운 마음으로
방을 훔치고 정리를 하다 보니
아! 화장실도 없네

불편한 몸으로
턱이 있는 문간방에서 어찌 사는지
가슴이 먹먹해진다.

금지사항

오전 방문 현관문을 들어서자
이용자 표정이 색다르다
무언가 할 말이 있어 보이더니
돈 빌려 달라고 입을 뗀다

예기치 못한 부탁
지갑을 놓고 왔다고 둘러댔더니
무안한 기색이다

이를 어쩌지
지난 번 동료가
돈을 빌려 주었다고 할 때

이용자와는
금전거래 안 하는 것이라고
큰소리 쳤었건만
막상 나에게 닥치니
간단하지가 않다

좋았던 사이가
저만치 멀어져 가는 것 같고
분위기도 썰렁하다.

저승길 양식

딩동!
벨을 누르니
손자가 문을 열어 주어
나의 초점은
어르신에게로 향한다

엉?
어르신은 보이지 않고
빈 둥지만 휑하다
손자가 겸연쩍은 듯
손을 머리 뒤로 올리며

"할머니 돌아가셔서 어제 장사 지냈습니다
경황이 없어 연락 못 드렸습니다."

예상하지 못한 상황
정신이 아찔하다
앞 번 방문 때 어르신께서
배추국 드시고 싶다고 하시는 걸

끓여 들이지 못했는데
그날 먼 길을 떠나셨다니
마지막 양식을 채우지 못해
얼마나 허기가 지셨을까

안타까운 마음으로
어르신 기거하시던 방을
청소하고 유품 정리를 한 뒤
돌아오는 마음 착잡했다.

바자회

옷장 속에서
겨울잠 자던 7080 의상들이
보쌈을 당해
일제히 소풍을 나왔다

경치 좋은 곳은 아니지만
새 이름표를 달고
어울리는 스타일을 찾아
구김살을 펼치면서
잘 보이려 애교를 부린다

스치는 손끝마다
짜릿한 감정을 실으며
제2의 연출무대를 꿈꾸지만
마지막까지 남아 있어도
희망은 있기에
여유롭게 일광욕을 즐기고 있다.

남의 일이라고 · 1

신록 우거진 달동네
교대하여 첫 방문
이용자 집을 확인하는데

예쁘장하게 생기신 분
저렇게 젊고 멀쩡한데
서비스 받을 수 있는 거냐고
어느 기관에서 나왔냐고
반문하는데 석이 죽는다

한 마을에 살아도
안아 주는 마음보다
시기하는 마음이 먼저인가

찜찜한 기분이
장승처럼 솟아오른다.

남의 일이라고·2

달동네 중턱을 오르다 보니
뒷다리가 탱탱해지고 숨이 차는데
저만치
먼저 집을 물어 볼 때
느낌이 별로였던 여인
어딜 출타하는지 내려오기에
양산끼리 인사하고 올라가는데

무늬만 예쁜 그 여인
느티나무 밑에 앉아 있던 사람들에게
"저 집에 도우미인데
멀쩡한 사람 집에 뭐 하러 오는지 몰라."

뒤통수치는 소리가
다리 힘이 풀리게 한다
동네 유지 같아 보이고
누릴 만큼 누리고 사는 것 같은데
정이 궁색해 보이는 여인

궁금해서 이용자에게 물어 보니
남 잘 되는 것 못 봐주고
유별나기로 소문난 사람이라고 한다

집집마다 수저가 몇 개인지
형편 사정 살펴 주며 지낸다는 시골인심
어쩌다가 이렇게 퇴색했는지
씁쓸하기만 하다.

고구마

오후 3시 반 타임 이용자가
아침 일찍 전화를 해서
고구마 어디 있냐고 묻는다

냉장고 위에 놓아둔
고구마가 보이지 않는단다
당장 눈앞에 보이는 것도 아니고
오후에 가서 찾아보겠다고 하니
알았다고 한다

오후에 방문하니 이용자는
고구마를 다시 사 왔다며 먹고 있는데
황급히 집안 이곳저곳 뒤져봐도
사라진 고구마는 보이지 않는다

이용자는 나를 의심하는 눈초리
난 고구마 가져가지 않았다고 하니
그러면 쓰레기인 줄 알고 버렸다면서
쏘아보는 강렬한 눈빛

강하게 부정하면 더 큰 불만을 살 것 같아
"사람이 하는 일이다 보니
쓰레기로 오인하고 버릴 수도 있겠네요
다음부터 더 신경 쓸게요." 한 마디에
불같이 타오르던 분노가 사그라진다.

분리수거

금방이라도 쓰러질 것 같은
구옥에 살고 있는 이용자
나를 보자 주문을 왼다

일상에 필요한 일은
척척 알아서 해 주지만
이용자는 평소 모아둔 헛간의
쓰레기를 치워 달라고 한다

쓰레기더미를 보아하니
오랫동안 모아둔 듯하다
엄두가 안 나는 일 무리한 요구 같지만
갑자기 앉은뱅이가 되어 버린
이용자의 청을 외면할 수가 없어
나는 미화원이 되었다

구더기 꾸물거리는 음식쓰레기
각종 재활용쓰레기가 짬뽕이 되어
사이좋게 어깨동무하고 있는데

하나하나 분리하여
쓰레기봉투에 담아 리어카에 싣고
쓰레기장에 내다 버리기를 며칠

드디어
헛간 바닥을 깔끔히 치웠다
역겨웠던 쓰레기 정리를 하면서
전에 몰랐던 미화원의 고마움도 느꼈고
방 안에만 앉아 있는 이용자에게
위로가 되었으리라 생각하니
마음 가벼웠다.

사선으로

일을 하다 보니
이용자분들이 고마움의 표시로
봉투를 건네 주시지만
펄펄 뛰면서 사양하기를 당연시
고지식한 마음 흔들리지 않을 줄 알았는데

문화동 이용자 댁에 매일 놀러 오시는 어르신
커피 동무해 드리고 시중들어 드렸더니
2만 원을 주셔서 극구 사양하였지만
어르신 성화도 만만치 않아 받게 되었다

그 어르신 나를 너무 좋아하고
나도 어르신이 좋다 보니
성의를 외면하는 것 같아
연고 없는 어르신께
주는 사랑의 기쁨을 안겨 드리고 싶었다

그러나 그 마음은 잠시
후회가 파도처럼 밀려들고

가슴이 짠해서 잠도 오지 않아서
다음 방문날
검정콩 두유 한 박스를 사서
내 사랑도 가득 채워
어르신 드시라고 갖다 드리니
마음이 날아갈 듯 가벼웠다.

흑마늘

240번 버스에서 내려
단거리 선수처럼 올라선 산마을

헐떡거리며 들어서는 마당
자갈 밟는 발이 멀미하는데
자갈 사이로
고개를 내미는 산초들과
까맣게 그을린 마늘이
반갑게 맞아 준다

암수술 받았던 이용자는
흑마늘이 몸에 좋다고 자주 먹는다며
한 번 먹어 보라고 권하여서
채 마르지 않은
흑마늘 하나 입에 넣어 보니
물컹한 것이 달달하다.

투 넘버

수안보에서 돌아오는 길
340번 환승하려고
공설시장에서 대기하고 있는데

시내버스 한 대가
정류장에 정차를 해서
숫자 315를 번쩍거려서
외면하고 있는데
버스 노선표에는 340번
연수동 행이라고 적혀 있어서
투 넘버의
기사님께 행선지를 물었다

사태를 파악하신 기사님
다시 번호를 입력하고
힘차게 페달을 밟으신다.

9층의 물난리

월요일 아침 방문
"안녕하세요?"
노크하는 나의 목소리에
이용자는 소파에서
초췌한 모습으로
"우리 집 난리 났어."

뜻밖의 말에
"도둑이라도 들었나요?"
했더니만
글쎄 정수기 필터가 고장이 나서
밤새 새어나온 물로
마루가 온통 물바다가 되어서
아침에 일어나서 나오다가
낙상할 뻔했다고 한다

예고 없는 물난리
불편한 몸으로
집 안에 고인 물을 두어 시간 퍼내고

젖은 방을 말리기 위해
삼복중에
이틀이나 방에 불을 때는
곤욕스러움이
안색으로 드러나고 있다.

번지수가 달라요

이른 아침
칼바람을 가르며
616호를 새겼다

엘리베이터에서 내려
딩동
초인종을 누르니
낯선 아이와 할머니가
내다보신다

미안하다는
말도 제대로 못하고
호수를 보니 416호다

짝꿍 역시 나와 같이
416호를 경유해서 왔다고 한다

우연 같은 똑같은 실수
강추위 탓이었을까.

피난

버스 환승을 해서 찾아간
외곽지 어르신 댁
현관을 들어서니
마루에 못 보던 살림살이들

방 안에도
낯선 객이 들어앉아
문도 열어 보지 않는다

해마다 4월이면
북측에서 위협을 하지만
올해는 그 강도가 심해서
전쟁이 일어날 것 같다고
전방에 사는
어르신 따님이 피난을 왔다네

무시무시한 전쟁 상상이 되고
말로만 듣던 피난
눈으로 확인을 할 수 있게.

바퀴벌레

영구임대 아파트에는
바퀴벌레가 터줏대감이다
오늘도 내 눈에 포착된
바퀴벌레 한 마리
설 설 설 도망을 한다
올 때마다 잡아내도 끝이 없는
바퀴벌레의 아지트가 어딜까
자세히 살펴보니
TV 받침대 주변에 흔적이 보여
서랍을 열어 보니
곧 퇴출이 될 잡동사니와 바퀴벌레 박제
수북한 바퀴벌레 배설물
웬 불청객인가 하고
수비태세를 갖춘 바퀴벌레 군사
그야말로 바퀴벌레의 천국이다
보기만 해도 징그럽고 근질거리지만
그냥 물러날 수는 없고
서랍을 빼다가 욕실 바닥에 뒤엎어
바퀴벌레 일망타진하였다.

점프

지하도에 밀려
명맥을 이어가는 육교
한 계단 한 계단
올라서 보면
억눌렸던 가슴 탁 트이고
어깨도 으쓱해진다

총알처럼 달리는 승용차나
육중한 덤프, 키다리 크레인도
고개를 숙이고

가까이
크고 작은 건물이나
저만치
하얀 연기 뿜어 내는 굴뚝도
허리를 굽실거리니

육교에 올라섰을 때만큼은
내가 왕이다.

위장(僞裝)

현관에
우르르 몰려 있는
신발들의 주인은
어떤 손님이신지

눈동자 반짝이며
두리번거리지만
언제나 나 홀로 어르신

한여름 마파람 치는 문
문지기부대 출현으로
발 디딜 틈 없다.

독촉장

영천아파트에 사는
마음 좋은 이용자 가족
언제나 반갑게 맞아 주어
마치 우리 가족 같다

무엇이든지 나누고 싶고
오래 같이 있고 싶은 사람들
오늘은
웬일인지 분위기가 다른데
전기세 석 달을 못 내어
전기 공급 중단하겠다고
연락이 왔단다

얼른 전기세를 내라고 하니
이용자는
자동납부 신청서를 내밀면서
전기세 냈다고 큰소리를 친다

어제 전기세 내고 왔는데
은행이 잘못이라고.

쇠비름

약초 말리기 좋아하는 이용자
이번에는 소쿠리 가득
쇠비름을 씻어서 담아 놓았다

쇠비름효소가 좋다더니
효소를 담을 거냐고 물었더니
묵나물을 한다고 한다

가스레인지를 보니
큰 솥 가득 물을 올려놓고
쇠비름을 삶아 달라고 한다

이용자의 바람대로
쇠비름을 서너 솥 삶아내니
쇠비름은 끓는 물에 목욕을 하고
나는 땀으로 목욕을 하였다
삼복더위 중에.

팔자

빨래가 기다리는 집
세 식구 사는데
무슨 빨래가 그렇게 많은지
모르겠다

오늘도 다름없이
삑 삑
힘없는 소리로 불러서 갔더니
모가지까지 차오른 세탁기가
울상을 짓고 있다

가엾은 세탁기
너도
임자를 잘못 만났구나.

삼대 거짓말

"이참에 죽으려고 했더니만
그것도 마음대로 안 되네."
어색한 미소 머금은
올해 구십육 세 어르신

엊그제 감기가 걸려
병원에 가셔야 한다고 했더니
죽으면 좋은 일이니
절대 그런 소리 하지 말라고
신신당부하시던 어르신

감기로
고생하시는 모습 안쓰러운데
늙으면 죽어야 돼
말씀만 되풀이하고 계시다.

10월의 꽃

오늘
남산아파트 어르신은
친구분이
물어 보지도 않고 사 온
화분의 꽃이
마음에 들지 않는다며
투정을 부리신다

누가 저런 꽃을
사 오라고 했냐고
울며 겨자 먹기로
받아들인 꽃
밉다 밉다하신다

꽃은
어떤 꽃이든
다 예쁘기만 한데
박대당하는 꽃이여.

흡연

도배 햇수 십년과
제법 어울리는 집
맘씨 좋은 주인 덕분에
이웃 분들까지 오셔서
구름과자를 즐기신다

창문을 열어 놓았다고
태연하시지만
몸 속 깊이 파고들지 못하고
내몰리는 구름과자도
창 밖을 좋아할 리 없겠지

외롭다고
안으로 파고드는
희뿌연 영혼
새로운 고지를
점령하고 싶은가 보다.

역습

난로에서
한 줌 재로 사라진
동족의 한풀이인가
토막 난
참나무를 내리치는 순간
장작은 어르신 볼을
인정사정없이 강타해서
KO승을 했다

겨우내
순진한 척 추위를 녹여 주던
장작개비의 기습 공격
무방비 상태 어르신은
당할 수밖에 없었다.

꿀벌들의 운동회

붕붕붕붕,
열띤 응원 소리와 함께
꿀벌들이
화창한 봄날
대운동회를 하네

겨우내
합숙훈련에 들어갔던
꿀벌 선수들
일제히 기상을 하고
트랙을 뱅뱅 도네

벌통마다 다니며
꿀벌의 체력을 살피며
구령을 붙이는
벌치기는 멋진 코치.

성희롱

굴뚝에서 하얀 입김 내뿜는 집
앞마당에 통나무 시체가 가득한 집
거실 한쪽 장작 보일러가
따뜻한 온기를 전해 주는 집

외로움에 골이 패인 어르신
일찍이 소문으로
별나신 분이라 들었는데
웬일인지 말씀을 하실 적마다
몸에 터치를 하신다

첫 방문 때는
어떨 결에 그냥 지났는데
연이어 그러시기에
저는 누구든
몸에 손대는 걸 싫어하니
그러지 마시라고
단호하게 입장을 밝혔다.

색다른 보금자리

문을 열고
들어서는 발길 어설프다
눈 쌓인 산토끼길 같은
좁은 골목이 있는 그곳은
이용자의 보금자리다
방 아래위로
빈틈없이 들어찬 소품들
꽃이며 액자며 심지어 인형까지
그것이 무엇을 말하는지
짐작으로만 느낄 뿐
보통 체격인 나도
움직이면 궁둥이가 부딪히고
운전면허 코스시험장을 지나듯이
일정하게 통과해야만 하는 미로
조금이라도 부산을 떨었다가는
금방이라도 내려올 것은
낙하물의 위협도 호시탐탐
숨이 막히는 공간
침대에 연로하신 어르신

말씀을 또박또박 하신다
큰아들네 있다가
뜨신 물 나오는
작은아들 집으로 오셨다면서
혼자 지내는 아들에게
짐을 지우고 있다고.

달동네 삼부자

아침 9시
새해 들어 첫 방문
삼부자는
방 하나씩 차지하고서
개선장군처럼 들어선 나를 보고
오늘은 그냥 가라고 한다
방이야
주인 만나 빵빵하지만
울상이 된 주방이
임자를 찾고 있어서
기왕 왔으니
주방 차지라도 하겠다고
팔을 걷어부치고 보니
어제 받았던
밥상머리 어지럽고
냉장고 안에
곰팡이가 서식하고 있는 음식들
모두 추방하고 보니
장정들 먹을거리가 횅해서
찡하니 가슴이 울린다.

처음 있는 일이다

집 안을 청결하게 해 놓으시고
걸레도 빨아 놓으시며
청소기 대강 돌리고
방만 훔치라고 하신다

욕실 기웃거리는
나를 만류하시며
걸레도 그냥 두고
손이나 씻고
과일을 먹자고 하신다

불편하신 어르신
보살피러 왔는데
별 도움 못 드린 것 같아
민망스럽다

방문하는 날만큼은
내가 하는 일인데
일거리 여미시는 어르신
친정어머니 딸 대하듯 하시니
돌아오는 뒤꼭지 부끄럽다.

지적장애

주방에서 얼쩡거리면
다가와 밀어낸다
여기는 신랑이 하는 거라고

냉장고를 열어 보니
거기도 만지지 말고
그냥 두란다

복지관에서 출장 온
반찬도시락 가방이
돌아가고 싶은 것 같아
내어놓으려니 그냥 두란다

일은 눈에 보이고
손봐야 할 곳은 많은데
제동을 건다

통돌이를 열심히 돌리는
세탁기 얼굴이 안 보여서

닦아 주려고 하니
"안 돼요, 하지 마세요."

눈높이 맞추기 여간 힘들다.

눈이 내리면

눈 쌓인 도로를 따라
구부정한 어르신
세발 더듬이 하신다

다급한 일이라도 있나
놀란 나보다
태연하신 어르신
경로당 출타중이라네

짱짱한 다리도
설설 매는 판국에
의연하게 빙판길 나선
어르신 모습에서
어머니의 환청이 들린다

"꼼짝달싹 못해야
징역살이 헌당께
고샅이 얼마나 미끄런지
댕길 수가 없당께."

애견

현관문 들어서니
말티즈 두 마리
시샘하며 달려든다

눈 맞추며
반가워 어쩔 줄 모르고
꼬리치며 기어오른다
그 누가 나를
온 맘 다해 반겨 주리

방문 후
예배 참석하려고
차려입은 옷에 수놓은
그들의 하얀 분신.

신규 이용자

3월부터 첫 서비스
잔뜩 긴장하고 갔지만
어지간하다는 생각이 들었다

두 번째 날
대문 앞에서 집주인 아주머니
사랑채 도우미 맞지?
국가에서 봉급 받으면서
이것도 해야 되고
저것도 해야 되는 것 아니냐며
마치 청소업체에서 파견된
청소부가 된 기분이 들도록
언성을 높이신다

어르신 자제분에게도
깨끗하게 쓴다는 조건으로
방을 주었는데 저 지경이라면서
불평하시는 아주머니께
"먼저 어르신 위주로 해 드리고

시간이 나면 조금씩 손을 보면
달라질 것이니 조금만 기다려 주세요."
침착하게 다독여 드렸더니
진돗개처럼 으르렁거리던
성화는 수그러드시고
봄 햇살 같은 마음으로
양파즙을 데워다 주서서
미소로 화답했다.

흔들리는 여자

사십대 중반 이용자
척추가 안 좋아 고생을 하지만
집안 살림은 화려하다

제대로 갖춘 가전제품
생활용품도 빵빵하고
철따라 입는 옷도 넘쳐난다

신발장에 디자인별 신발
용도별 핸드백
주렁주렁 걸린 것을 보면
나도 몰래 현혹이 된다

이용자는
형제 도움으로 산다는데
새삼 형제우애 부럽고
호화스런 생활을 부러워하다가
체머리 흔든다

좀 부족하고 소박하게 살아도
건강한 것이 제일이며
일할 수 있는 것이 행복이라고.

꿈의 오류

눈에 가시 같은
동생의 다리를
힘껏 꼬집고 보니
동생은 온데간데없고
어르신 팔만
몽고반점이었다네

바라보고 있어도
믿기 어려운 현실
왼쪽 팔에 살짝 내려앉은
검은 나비 같아라.

이별 전야곡

사직을 통보하고 나니
몸 한 부분
도려내는 통증이 온다

방문시간이면
현관문 열어 놓고 기다리다가
일 마치고 돌아올 때
복도에 따라 나와
내가 안 보일 때까지
손 흔들어 주던 이용자

이제 볼 수 없다 생각하니
가슴이 미어진다

만남이란
인연이 있으면
헤어짐도 따르게 마련인데
나의 강한 애착은
몸은 떠나도 마음은
이용자들과 함께 할 것이다.

순리에 따라

고지를 눈앞에 두고
멈춰야 한다니 애석하다
내가 먼저 떠나는 일
내가 먼저 등지는 일
없을 줄 알았는데

회사도 가까이 이사를 오고
바라만 보아도 행복한데
나는 가야만 한다

해바라기하는 마음 외면하고
돌아서는 발길
갓난아이 떼어놓고 떠나는
어미 같다

새로 만난 인연들
낯익히자 헤어진다면
얼마나 서운해 할까

그래도 오늘은
모진 결단해야 하는
잠 못 드는 밤이다.

이용자의 눈물

정들었던 동료와 이용자
몸담았던 회사를 떠나야 하는
애통함 때문인지
몇 날 밤
잠을 제대로 이루지 못했다

야윈 내 모습 보고
이용자가 걱정을 하여
일을 그만두기로 했다 하니
모처럼 소통하는 사람을 만나
마음 열었는데
이렇게 빨리 헤어져야 하냐며
섭섭함에 눈물을 흘리니
무어라
변명의 여지없는
내 가슴 먹먹해져 온다.

김가현 시집_ 날개 없는 천사

초판 인쇄 | 2014년 11월 10일
초판 발행 | 2014년 11월 15일

―

지 은 이 | 김가현
발 행 인 | 정종명
편집국장 | 차윤옥

―

펴낸곳 | (사)한국문인협회 月刊文學 출판부
주소 | 서울시 양천구 목동서로 225 대한민국예술인센터 1017호
전화 | 02-744-8046~7
팩스 | 02-743-5174
이메일 | klwa95@hanmail.net
등록 | 2011년 3월 11일 제2011-000081호
ISBN 978-89-6138-285-4 03810

―

값 8,000원

―

잘못 만들어진 책은 바꾸어 드립니다.